BEI GRIN MACHT SICH IHR WISSEN BEZAHLT

- Wir veröffentlichen Ihre Hausarbeit,
  Bachelor- und Masterarbeit

- Ihr eigenes eBook und Buch -
  weltweit in allen wichtigen Shops

- Verdienen Sie an jedem Verkauf

Jetzt bei www.GRIN.com hochladen und kostenlos publizieren

Eine Renzension von Eva Illouz Werk "Der Konsum der Romantik"

Liebe und die kulturellen Widersprüche des Kapitalismus

David Jugel

Bibliografische Information der Deutschen Nationalbibliothek:

Die Deutsche Nationalbibliothek verzeichnet diese Publikation in der Deutschen Nationalbibliografie; detaillierte bibliografische Daten sind im Internet über http://dnb.d-nb.de abrufbar.

ISBN: 9783656095828
Dieses Buch ist auch als E-Book erhältlich.

© GRIN Publishing GmbH
Nymphenburger Straße 86
80636 München

Druck und Bindung: Books on Demand GmbH, Norderstedt Germany
Gedruckt auf säurefreiem Papier aus verantwortungsvollen Quellen

Das vorliegende Werk wurde sorgfältig erarbeitet. Dennoch übernehmen Autoren und Verlag für die Richtigkeit von Angaben, Hinweisen, Links und Ratschlägen sowie eventuelle Druckfehler keine Haftung.

Das Buch bei GRIN: https://www.grin.com/document/184673

Vorlesung: Einführung in die Mikrosoziologie

Sommersemester 2011

Rezension zu:

Der Konsum der Romantik.
- Liebe und die kulturellen Widersprüche des Kapitalismus -
von Eva Illouz

ILLOUZ EVA: Der Konsum der Romantik. Liebe und die kulturellen Widersprüche des Kapitalismus, Frankfurt am Main: Suhrkamp Verlag 2007

Was ist Liebe? Ist Liebe das Produkt hormonell motivierter Triebe und gesellschaftlich tradierter Ideale? Ist sie die Vereinigung von Geist und Körper oder eine Anziehungskraft zwischen für einander bestimmten Individuen?

Liebe lässt sich nur schwer definieren. Eva Illouz deklassiert den idealistischen Pathos, der oft in der Vorstellung von Liebe mitschwingt, in ihrem Werk „Der Konsum der Romantik". Dabei charakterisiert sie Liebe als eine Emotion, durch die psychologische Erregungen, Wahrnehmungsmechanismen und Interpretationsprozesse hervorgehoben werden (28). Ohne sich dabei auf fachfremde psychologische Exkurse zu begeben legt Eva Illouz mit soziologisch-empirischen Instinkt den beobachtbaren Einfluss der beiden Letzteren offen.

Dabei geht es nicht explizit darum den kulturellen Einfluss auf Liebe darzustellen, vielmehr wird dies exemplarisch an den Prozessen der Veränderten Vorstellung von Liebe mit dem Aufkommen des Kapitalismus verdeutlicht bis hin zur Gegenwart, deren Ausstrahlung auf die romantische Vorstellung der Liebe analysiert wird. Wie der deutsche Titel des Buches schon impliziert, kanalisiert Illouz dabei vor allem den Einfluss der Konsumkultur auf die soziale Konstruktion von Romantik.

Erschienen ist das Buch bereits 1997 unter dem Originaltitel *Consuming the romantic Utopia. Love and the cultural contridictions of Capitalism.* Die deutsche Übersetzung erschien erst 2003 im Campus-Verlag, wurde durch Andreas Wirthensohn vorgenommen und 2007 erneut als Taschenbuchausgabe im Suhrkamp-Verlag verlegt.

Illouz untergliedert die soziologische Abhandlung in sechs Kapitel, in denen sie drei Schwerpunkten folgt. So geht sie im ersten Abschnitt der Entstehung der utopischen Vorstellung von romantischer Liebe nach und findet deren Wurzeln im Umbruch zur Moderne. Gleichsam stellt sie dar, wie sich die Logik des aufkommenden Kapitalismus nur auf den ersten Blick antithetisch zu den Vorstellungen von Liebe positioniert und wie der freie Markt die Trennung von rationalen Prozessen und überschwänglichen Emotionen aufzuheben scheint.

Im zweiten Abschnitt diskutiert Illouz wie durch Rituale Subjekte in Zustände versetzt werden, die Konsum und Romantik miteinander verschmelzen lassen und Teil von gesellschaftlicher Akzeptanz und zum immanenten Moment von Zweierbeziehungen werden. Schließlich fragt sich die Autorin im letzten Abschnitt, wie sich in der Postmoderne die romantischen Vorstellungen auf das subjektive Handeln auswirken. Bei diesen Untersuchungen deckt sie erstaunliche Paradoxien auf, welche Funktion und bisherige Wirkungsvorstellungen von romantischen Ritualen an die Schwelle erneuter Umdeutung zu verorten scheint.

Dabei legt Illouz ihrer Studie eine breite Datenbasis zu Grunde, die sich aus statistischen Daten, Interviews, Inhaltsanalysen sowie Film- und Videoanalysen zusammensetzt. Sie stellt also vor allem auf Aussagen ab, die sie aus Daten ableitet, welche durch qualitative Methoden erhoben wurden. So werden die 50 befragten Männer und Frauen nach dem Schneeballprinzip ermittelt. Die fehlende repräsentative Aussagekraft der Ergebnisse stellt Illouz die Signifikanz der Homogenität in den Aussagen der Befragten entgegen (48). Gleichsam widerspricht sie schon a priori dem Vorwurf fehlender quantitativ gesicherter Aussagen damit, dass sich Kultur nicht in Wahrscheinlichkeitsrechnungen fassen lässt (46). In beiden Aussagen schwingt eine gewisse Negierung quantitativer Methodik mit. Wöllte man in der umfassenden Arbeit von Illouz eine konstruktive Schwachstelle finden, so könnte man hier trotz ihrer Verteidigung ansetzen. Keineswegs stellt dies jedoch die Leistung der Studie per se in Frage. Gleichwohl bekommen die hauptsächlich qualitativ abgeleiteten Aussagen durch eine zweistufige Analyse eine höhere Tragweite. So wird versucht die Subjektivität und Homogenität der Befragten mit einer Analyse ganzheitlich gesellschaftlich geprägter Spiegel entgegen zu kommen. Solche Spiegel findet sie in der Werbung sowie Film- oder Bildmaterial, in denen sie die romantischen Symbole wiederfand, die bereits Befragte in den Interviews aufwarfen. Auch hier ließe sich über die Konstruktion diskutieren: Fraglich erscheint, ob solche Symbole und Vorstellungen, die aufgrund fehlender repräsentativer Stichproben nicht erkannt wurden, auch nicht auf ihre Wiederkehr in gesellschaftlichen Spiegelmedien untersucht werden konnten. Doch bevor wir uns hier weiter dem Zusammenhang entrissener Spekulationen hin geben, soll dies an inhaltlich sinnvoller Stelle genauer erörtert werden.

Mit der Auseinandersetzung von Romantik und Liebe als beobachtbares Verhalten bewegt sich Illouz auf einem thematischen Feld, das lange Zeit nicht Gegenstand soziologischer Untersuchungen war, sondern als Emotion eher dem Bereich der Psychologie überlassen wurde. Erst später wurde Liebe auch Gegenstand sozialempirischer Forschung. Was Adorno in seiner Minima Morolia begann – nämlich die Auswirkungen von ökonomischer Rationalität auf Liebesbeziehungen zu hinterfragen[1] - breitet Illouz in ihrer Studie auf temporaler und gesellschaftlicher Ebene aus. Dabei können die vielen Unbekannten in diesem Themenfeld auch als Begründung für das qualitative Herangehen aufgeführt werden.

An den Anfang der Frage nach den Auswirkungen und den Interdependenzen zwischen Romantik und Konsum, stellt Illouz den Wandel romantischer Vorstellungen mit dem Umbruch in die Moderne: Mit Auflösung des religiösen Deutungsapparates im Zuge der Säkularisierung am Ende des 18. Jahrhunderts und dem damit verbunden Freiheitsgedanken, wurden die christlichen Beschränkung von Liebe auf Ehe sowie die gesellschaftliche Zweckmäßigkeit einer solchen Verbindung durch die romantische Vorstellung einer transindividuellen Liebesverbindungen abgelöst. „Abgelöst" bedeutet in diesem Falle, dass Illouz die Liebe gar als neue Religion darstellt: *Die Säkularisierung der Liebe oder die Liebe als neue Religion* (57). Bei der zeitlichen Einordnung dieses Prozesses muss bedacht werden, dass sich Illouz offensichtlich auf die Historie der USA bezieht. Gleichwohl können die Prozesse mit zeitlichen Differenzen auf das westliche Europa übertragen werden.

Die utopisch romantische Vorstellung von Liebe des 19. Jahrhunderts beschreibt Illouz als einen distinktiven Raum, der sich in der gesellschaftlichen Vorstellung von den rationalen Prozessen des freien Marktes abhebt, ja gar konträr zu diesem steht. Der Transformationsprozess der Vorstellung von Liebe vollzieht dann Anfang des 19. Jahrhunderts eine erneute Wende. Die Autorin konstatiert, dass die Auswirkungen des Kapitalismus zu einer Aufhebung der Teilung von Liebe und Markt führen. Dieser Prozess wird durch den wirtschaftlichen Aufschwung ermöglicht. Durch ihn werden materielle und zeitliche Ressourcen frei.

---

[1] Vgl. Adorno, Theordor W.: Minima Moralia, Frankfurt am Main, 1951, 10ff,107,110. Z.n.: Honneth, Axel. In: Konsum der Romantik, Illouz, Eva, Frankfurt am Main, 2007, 7.

So seien Frauen durch eigene Berufstätigkeiten nicht mehr rein zweckmäßig an die Ehe gebunden. Weiterhin argumentiert Illouz, dass durch die sich immer weiter verkürzenden Arbeitszeiten zu Beginn des 20. Jahrhundert überhaupt Freizeit erst als solches entsteht. Beide Prozesse münden in einen freizügigeren Umgang bei der Entstehung von Liebesbeziehungen. So bekam dieser Prozess des Kennenlernens einerseits einen zeitlichen Raum, anderseits entzog er sich den Elternhäusern und verlagerte sich zunehmend in den Schutz der Öffentlichkeit (78). Im Sinne Simmels kann man dabei von einer Versachlichung sprechen, denn das Kennenlernen impliziert zunehmend den Konsum. So finden Rendezvous in Kino, Tanzsälen oder in Restaurants statt. Dabei wirft Illouz das Paradoxon auf, dass das Rendezvous im Proletariat und den unteren Mittelschichten entstand und mit steigendem Niveau von den höheren Schichten übernommen und schließlich durch den Konsum exklusiv für letztere wurde. So wurde das Auto zum romantischen Symbol der jungen Mittel- und Oberschicht.

Zu unterscheiden sucht Illouz zum einen die Verdinglichung der romantischen Lieben, womit eben die Verschmelzung von Liebe, Freizeit und Konsum gemeint ist und anderseits die Romantisierung der Waren. Letzteres vollzieht sich durch die Werbeindustrie, die Produkte zunehmend mit romantischen Situationen in Verbindung brachte. Beide Prozesse beschleunigten sich gegenseitig und führten innerhalb von wenigen Jahren zu einer Verschmelzung der zuvor noch als Gegensätzlich empfunden mikrosozialen Welt der romantischen Zweierbeziehung der gesamtgesellschaftlichen Logik des Marktes. Hierbei weißt die Autorin besonders auf die Rolle der Massenmedien hin, die als Medium des Prozesses betrachte werden können.

Gleichwohl findet diese Verschmelzung kaum Einzug das gesellschaftliche Bewusstsein. Denn der religiöse Moment, so Illouz, bleibt im romantischen Moment bestehen. Einerseits gibt die Liebe zunehmend den Mittelpunkt des Lebens an. Als sinnstiftendes und stabilisierendes Moment löst es die religiöse Vorstellung von Erlösung und Jenseits auf.

Daneben schließt sich Illouz Victor Turners Vorstellung von Liminialität an (175ff), dem nach sich Individuen gemeinsam in einen Schwellenzustand versetzten. Dabei trennen sich die Individuen durch symbolische Praktiken von seiner

Umwelt. Hier kommt der Begriff des Rituals ins Spiel. Turner bezieht dieses Verhalten auf religiöse Riten. Illouz hingegen transkribiert dieses Schema auf das romantische Erleben: Der Konsum von Freizeitgestaltung oder bestimmter Waren, die durch die Werbung romantisiert wurden, entreißt die Individuen aus dem Alltag und ermöglicht ihnen *Erlebnisse intensiver Gemeinschaftlichkeit*[2].

Am deutlichsten wird dies am Modell der Reise, die viele der Interviewten als romantische Erfahrung beschreiben. In ihr bündeln sich auch die Entstehungsmerkmale der Verbindung von Konsum und Romantik: Freizeit und Konsum.

An dieser Stelle entsteht ein 60 jähriger Sprung in Illouz Untersuchung. Denn die Reise ist ein typisches romantisches Element der Gegenwart. Die Autorin beschreibt, dass die Verbindung von Konsum und Romantik in der Gegenwart zwar weiter fortgeschritten ist, aber weniger auf Luxus konzentriert sei. Wobei beachtet werden sollte, dass das Niveau des Konsums in der Gegenwart weit über dem der 30er Jahre liegt. Mit der Reise erfährt die romantische Vorstellung ein weiteres Element: die Natur (174), deren Reinheit oft mit der Reinheit der Liebe gleichgestellt wird. Illous konstatiert, dass diese Reinheit der Natur fast parallel von der Werbebranche aufgegriffen und ähnlich der Romantik instrumentalisiert wurde. Paradoxerweise nutzt die Industrie damit ein Element, welches durch den Konsum und den damit verbundenen Ressourcenbedarf sowie Verschmutzung zunehmend geschädigt wird (117f).

Aus den Interviews, die das gegenwärtige Verhältnis von Konsum und Romantik offen legen sollen, werden dabei konkrete Ebenen extrahiert. Illouz kategorisiert dabei eine romantische Symbolik der Gegenwart. Sie führt temporale Symbole, wie Jahrestage oder abgegrenzte romantische Momente im Tagesablauf an. Daneben bestehen emotionale Symbole, des besonderen romantischen Erlebens, sowie lokal orientierte Symbole, die an Orte, wie Restaurants oder eben Reiseziele geknüpft sind. Letztlich führt sie künstliche Symbole auf, zu denen Geschenke oder Kleidung gehören (147ff). Alle Symbole werden von den Befragten als Ausbruchskatalysatoren aus der Routine wahrgenommen. Solche liminoiden Rituale haben offenbar die gleiche Auswirkung auf Zweierbeziehungen, wie säkulare Rituale auf Gemeinschaften: sie stabilisieren.

---

[2] Honneth, Axel: 15

Sind sich die Befragten von Illouz in den Symboliken der Romantik eins, so zeigen sich in der Bedeutung von Romantik Gegensätzlichkeiten. Illouz stellt hier die Begriffe der „Behaglichkeit" und der „Erregung" gegenüber. So finden sich in den Erzählschemata der Interviewten zum einen Schilderungen kurzer, prägnanter und Intensiver Liebeserfahrungen und zum anderen behutsame Schilderungen eines langwierigen Prozesses zur Stabilisierung dauerhafter Beziehungen. Das Verlangen nach Sicherheit steht demnach dem Trieb nach der Erregung entgegen. Illouz spricht von unvereinbaren psychologischen Trieben, den sie als charakteristisch für die Konsumkultur identifiziert (214f). Die Folge ist eine Entzweiung der Idee von romantischer Vorstellung. Wenn die Affäre zum romantischen Erlebnis wird, was das Individuum aus seiner Routine reist, steht sie der oben identifizierten stabilisierenden Funktion von dauerhaften Zweierbeziehungen geradezu erschrecken entgegen. Gleichwohl zeigen die Interviewten dennoch auf, dass eine Dauerhafte Beziehung anzustrebendes Ziel sei. Hierin zeigt sich die Wirkung romantischer Vorstellungen auf die Zweierbeziehung. Die Fiktion, die auch durch die Interviewten erkannt wird, erfährt dennoch Nachahmung in der Realität. So empfanden die Befragten Geschichten die Liebe auf den Ersten Blick wiedergaben als romantisch, aber nicht realistisch. An dieser Stelle kommt die Frage auf, nach der Intensität der Spannung von Realität und Fiktion. Ist dieser Widerspruch als Grund für das zunehmende scheitern von Zweierbeziehungen aufzuführen?

Man kann in diesem Zusammenhang in Anlehnung an Adorno von einer Spaltung des postmodernen Subjekts sprechen[3]. Das Individuum sehnt sich je nach dem, was es nicht in seiner Beziehung erfüllt sieht: entweder das romantische Abendteuer oder die Stabilität einer dauerhaften Zweierbeziehung. Dabei stellt sich Illouz erneut der Ausgangsfrage, wie rational, strategisch und kalkulierend das Subjekt bei der Auswahl von Partnern vorgeht. Eine befriedigende Antwort bleibt sie uns an dieser Stelle jedoch schuldig.

Die Gegensätzlichkeit von Romantik wird zwar erst durch die Interviews der Gegenwart aufgedeckt, blättert man aber an dieser Stelle ein paar Seiten zurück, findet man diesen schon in den Werbeformaten der 20er Jahre: Hier standen mit

---

[3] Vgl Adorno, Theordor W.: Minima Moralia, Frankfurt am Main, 1951. Z.n.: Honneth, Axel. In: Konsum der Romantik, Illouz, Eva, Frankfurt am Main, 2007, 21.

ich-expessive Waren und *Haushaltsgeräten* (65) zwei Konsumartikel, die sich der Romantik bedienten entgegen. Soll die Werbung für Haushaltsgeräte eher die romantischen Ehe-Vorstellungen der Mittelschicht ansprechen, tendierte die ich-expressive Werbung zur romantischen Darstellung von Abenteuer und Sexualität der Arbeiterklasse.

Den Klassenansatz greift Illouz erneut in der Gegenwart auf, allerdings nicht unter inhaltlichen Aspekten, sondern unter sozioökonomischen, moralischen und bildungsspezifischen Gesichtspunkten (239ff). Anscheinend orientiert sich die Partnerwahl nach diesen Kategorien, was zur Folge hat, dass sich Individuen tendenziell für Partner aus der gleichen Schicht entscheiden. Die Vorstellungen von Romantik differieren demnach ebenfalls geprägt durch die unterschiedliche Ausbildung dieser Kriterien in den verschieden Schichten. Eine historische Einordnung dieser Kategorien bleibt an dieser Stelle jedoch offen. Jedoch findet sich kein ernst zu nehmender Grund, warum sie nicht auch in die 20er zu übertragen sei. Eine Spezifizierung des Bildungskriteriums ist das Ideal der kommunikativen Beziehung. Scheint Kommunikation zwar verwand mit dem Bildungsniveau zu sein und folglich sich in den verschiedenen Schichten auszuprägen, hat sie besondere Auswirkungen, da Sprache in ihrer distinktiven Funktion das Medium ist, welches neben dem Äußeren am frühsten auf Kompatibilität geprüft werden kann. Anderseits beschreibt Illouz, dass Ober- und Mittelschichten über Kommunikation ihre Beziehungen stabilisieren und sich gegenseitig beurteilen, wobei die Arbeiterklasse sie lediglich nutzt um Bedürfnisse auszudrücke und Probleme zu lösen (253ff).

Illouz Interviews haben also aufgezeigt, dass sich Beziehungen in der Arbeiterklasse eher durch Konsum stabilisieren und Beziehungen der Ober- und Mittelschicht durch Kommunikation. Dem steht jedoch entgegen, dass die Ober- und Mitteschicht zum einen mehr konsumiert und gelichzeitig die symbolische Deutungsmacht über romantische Vorstellungen ausübt. Sie entscheidet über Kitsch und wahre Romantik. An dieser Stelle könnte man Parallelen zur Kanonisierung von Kunst ziehen, was jedoch den Rahmen der Untersuchung sprengen würde.

Resümierend kann festgehalten werden, dass Eva Illouz durch ihre Studie klar aufzeigen konnte, dass Romantik und Konsum keine sich ausschließenden oder klar von einander getrennten Sphären sind, sondern interdependente Größen darstellen, die vielfältig mit mikrosoziologischen Bereichen der Zweierbeziehung als auch makrosoziologischen Gesellschaftsidealen interagieren.

Offen bleibt die Frage nach der Wirkintensität der subjektiven Vorstellung auf die gesellschaftlichen Felder und andersherum. Dies kann aber dem methodischen Vorgehen zugeschrieben werden, bei dem weitestgehend auf die Auswertung statistischer Daten verzichtet wird. Ohnehin weißt Illouz selbst auf eine nötige quantitative Überprüfung ihrer Aussagen hin. Letztlich stützen sich jedoch all ihre Aussagen auf ein heterogenes Netz von Daten, welches die konstruktiven Schwächen der Studie konterkarieren können.

Daneben ist die Eingrenzung der sozialen Schichten meines Erachtens zu undifferenziert. Vor allem scheint mir die Arbeiterklasse als Synonym für die Unterschichten der Gegenwart als zu undifferenziert und gesellschaftlich überholt. Dies spiegelt sich vor allem auch dadurch wider, dass zwischen dem Ende der 30er Jahre und der Gegenwart der 90er die gesellschaftliche Entwicklung, als auch die weitere Verschmelzung von Konsum und Markt gar nicht betrachtet werden.

Gleichwohl bleibt das Novum der analytischen Auseinandersetzung mit dem Themenfeld sowie die signifikante Aussagekraft der abgeleiteten Thesen. Demnach kann das Werk Eva Illouz als Ausgangspunkt eines neuen Forschungsansatzes betrachten werden.